Mein Vorschulbuch

MALEN UND BUCHSTABEN SCHREIBEN LERNEN

mit Tierfreunden

Beginnen wir mit dem Üben von
Linien und Kurven.

Wenn du am Ende des Buches gelangst,
komm wieder zu den ersten Seiten
zurück und schreibe alle Tiernamen auf.

Folge den Linien nach

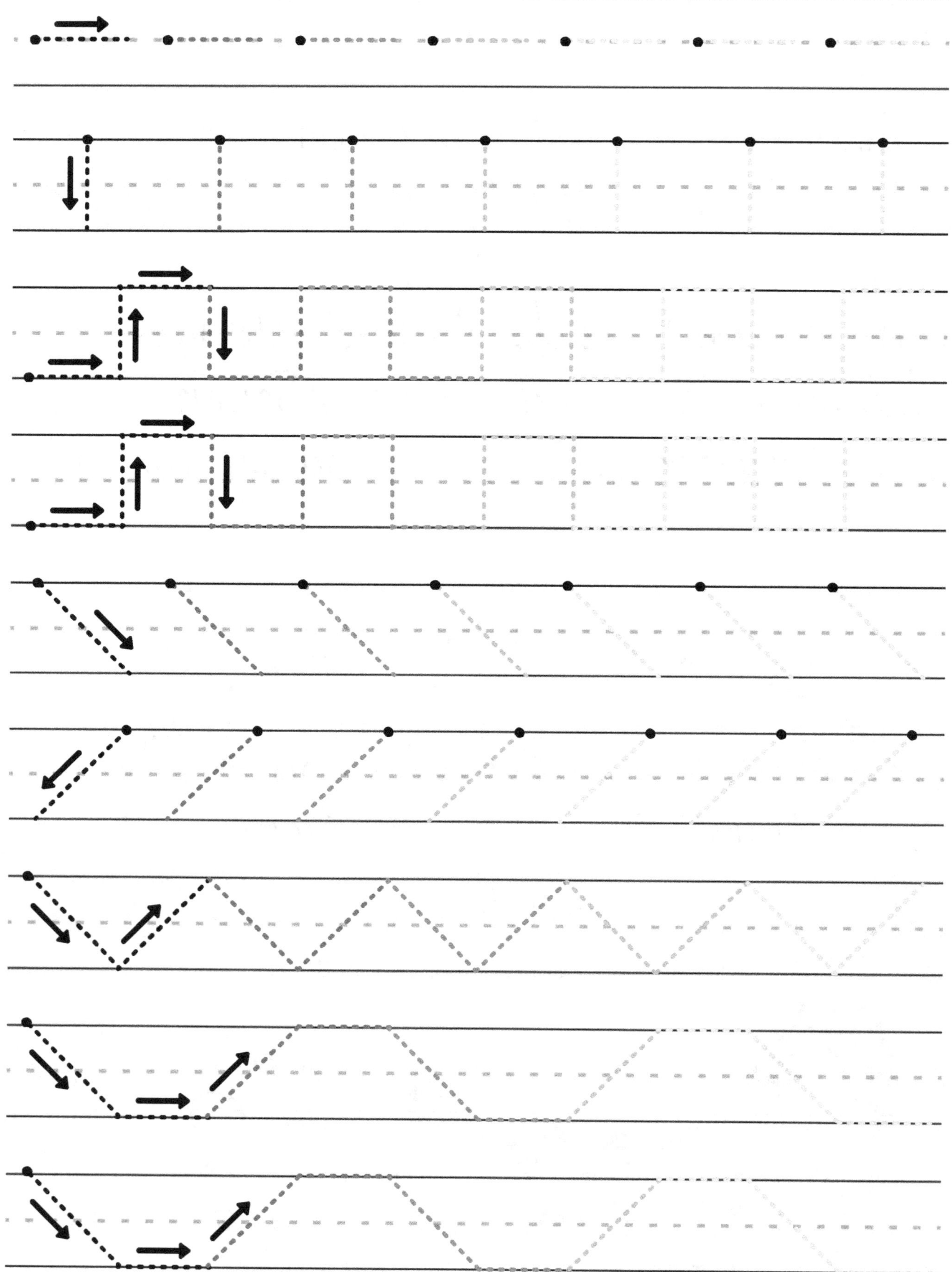

Folge den Kurven nach

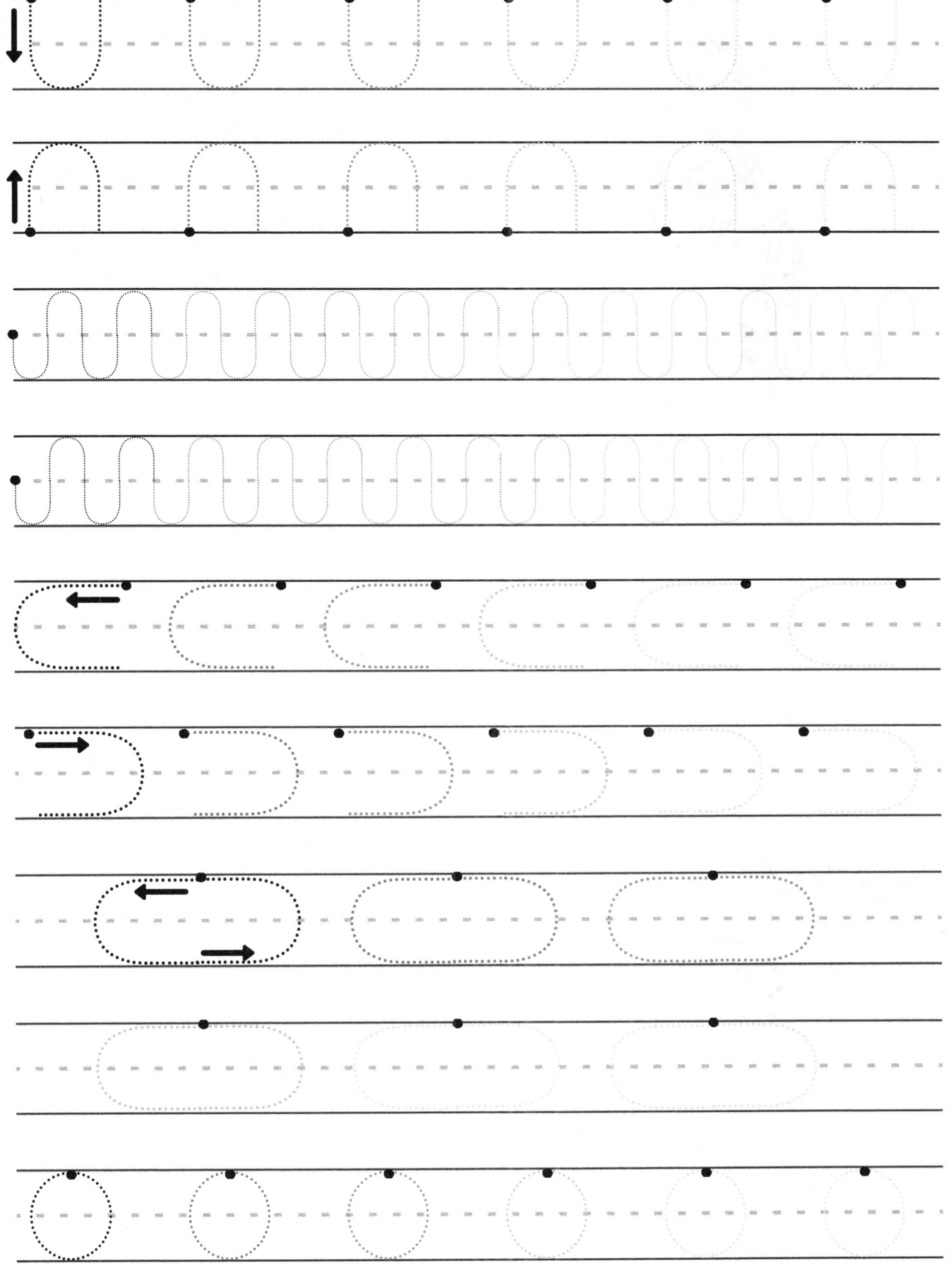

Hilf dem Otter, den Seeigel zu finden

Hilf der Biene, zu ihrem Honig zu fliegen

Hilf dem Alpaka, die Welt zu bereisen, um zur Ziege zu gelangen

das Alpaka

die Ziege

Hilf der Maus, zum Käse zu gelangen

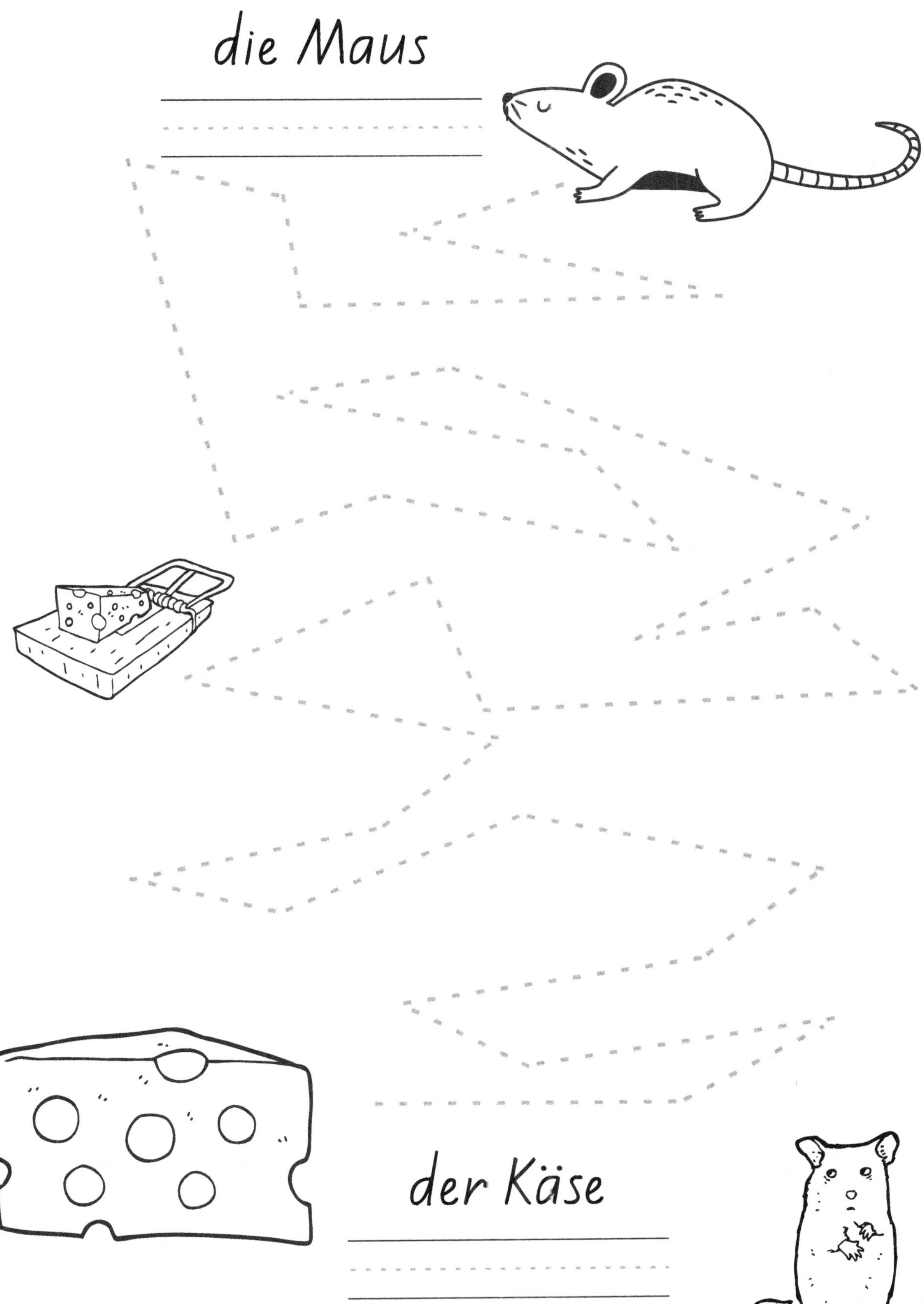

Hier kommt das ABC.
Folge den Buchstaben und
male die Tiere aus.
Mit etwas Übung wirst du
zum Bustaben Profi.

A - Alpaka

B b

B - Biene

A B C D E F G H I J K L M N O P Q R S T U V W X Y Z

C c

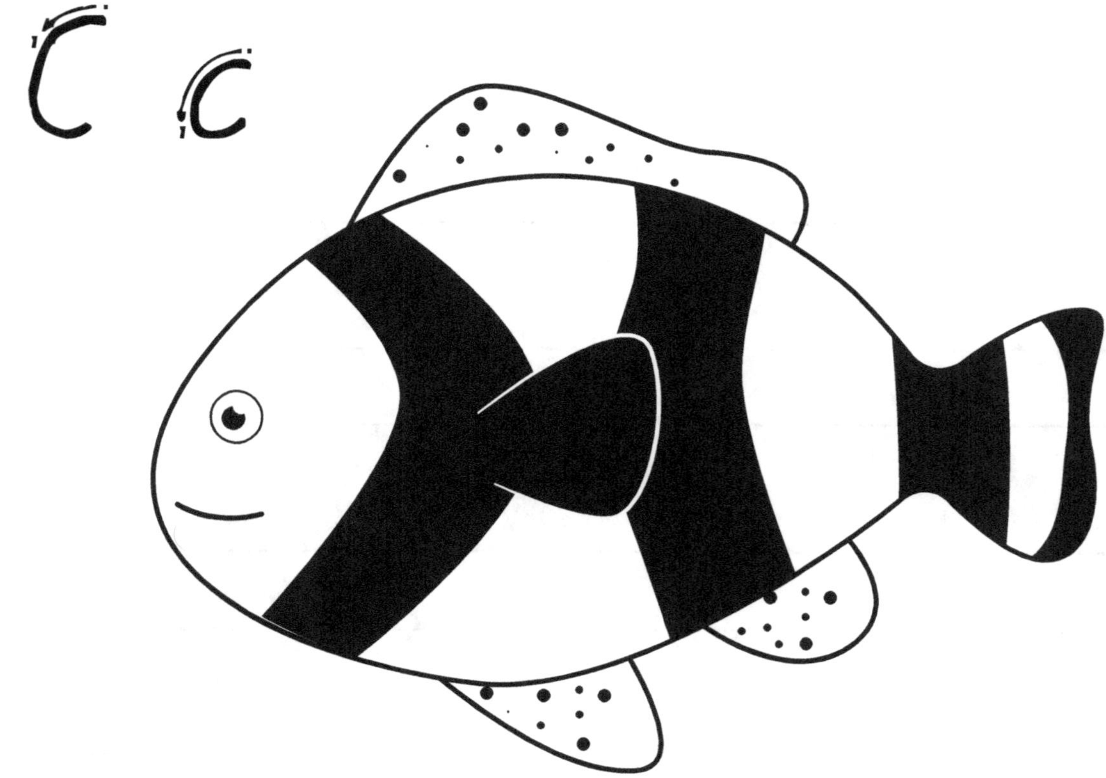

C - Clownfisch

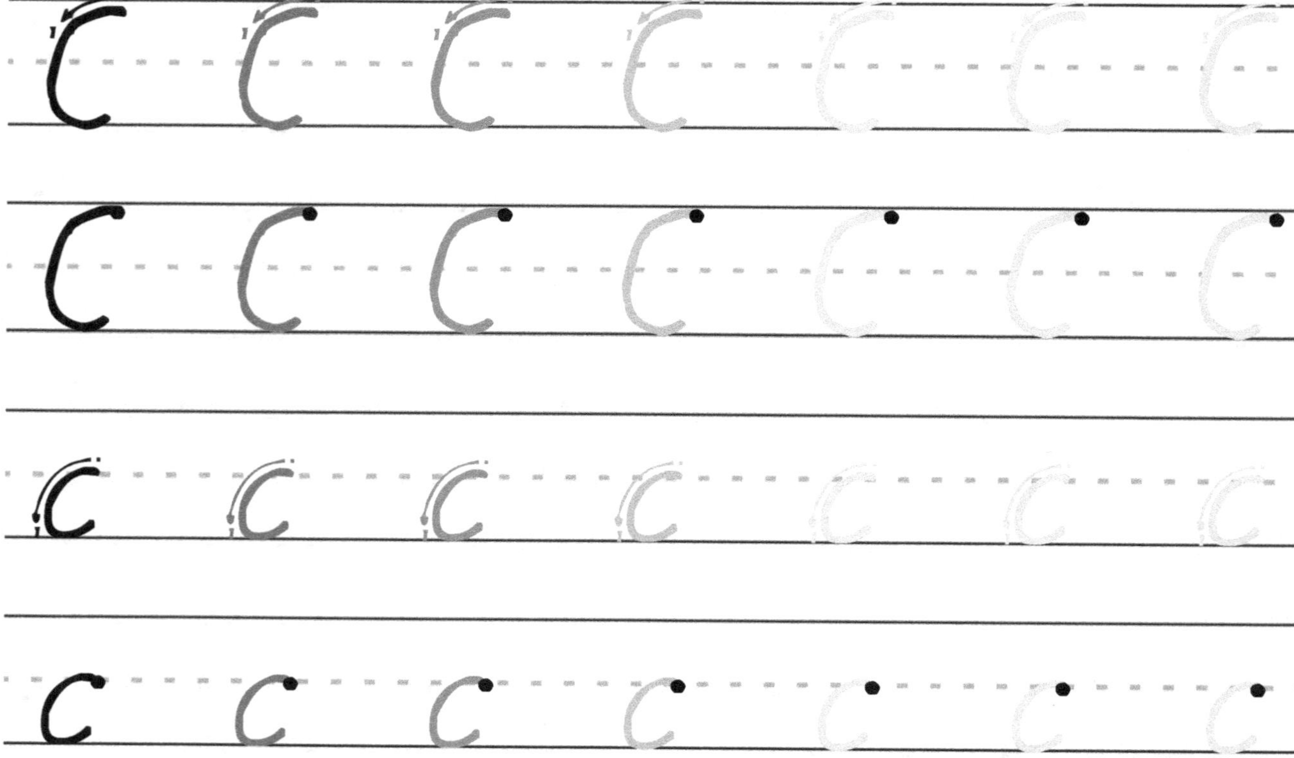

A B C D E F G H I J K L M N O P Q R S T U V W X Y Z

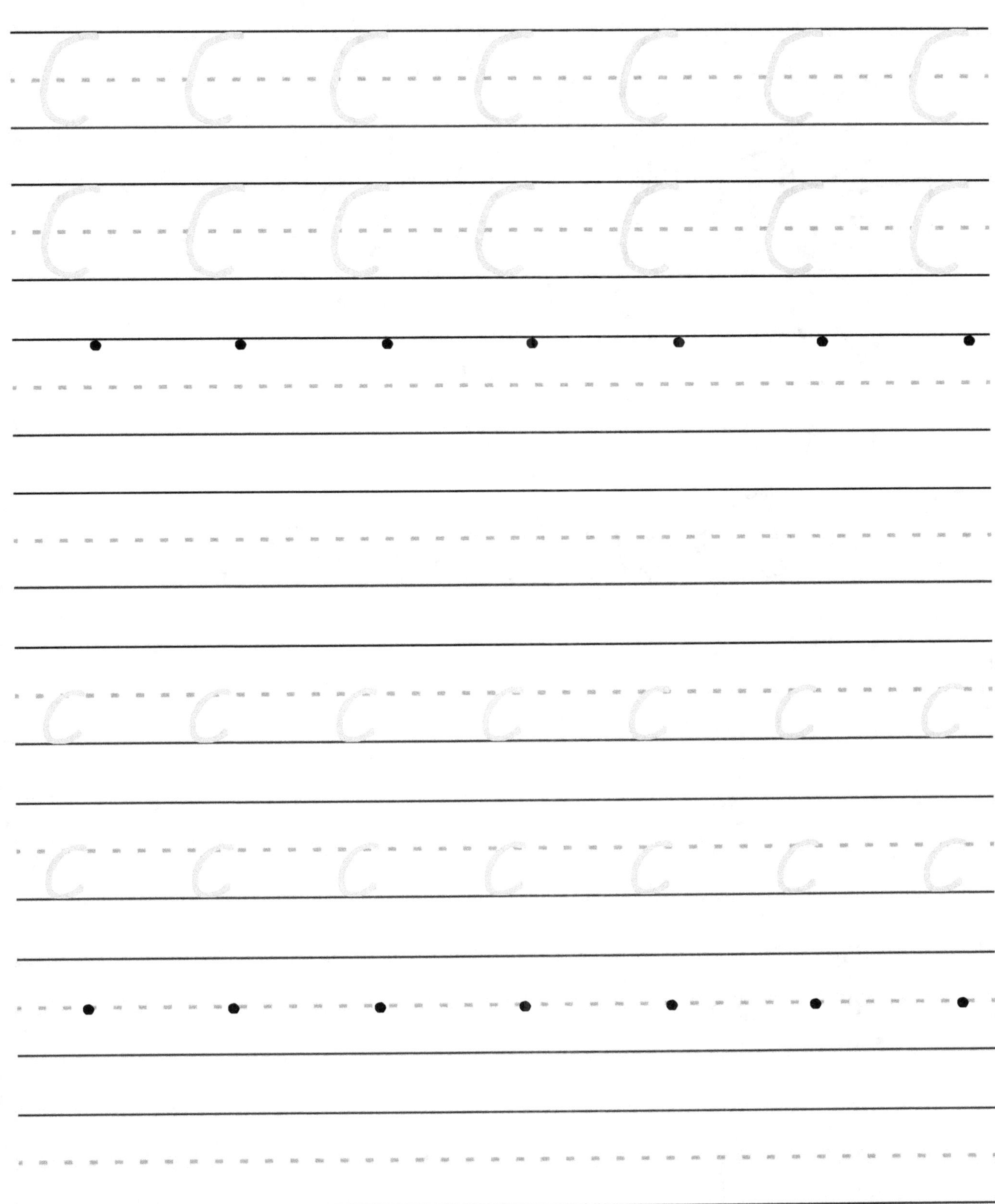

D d

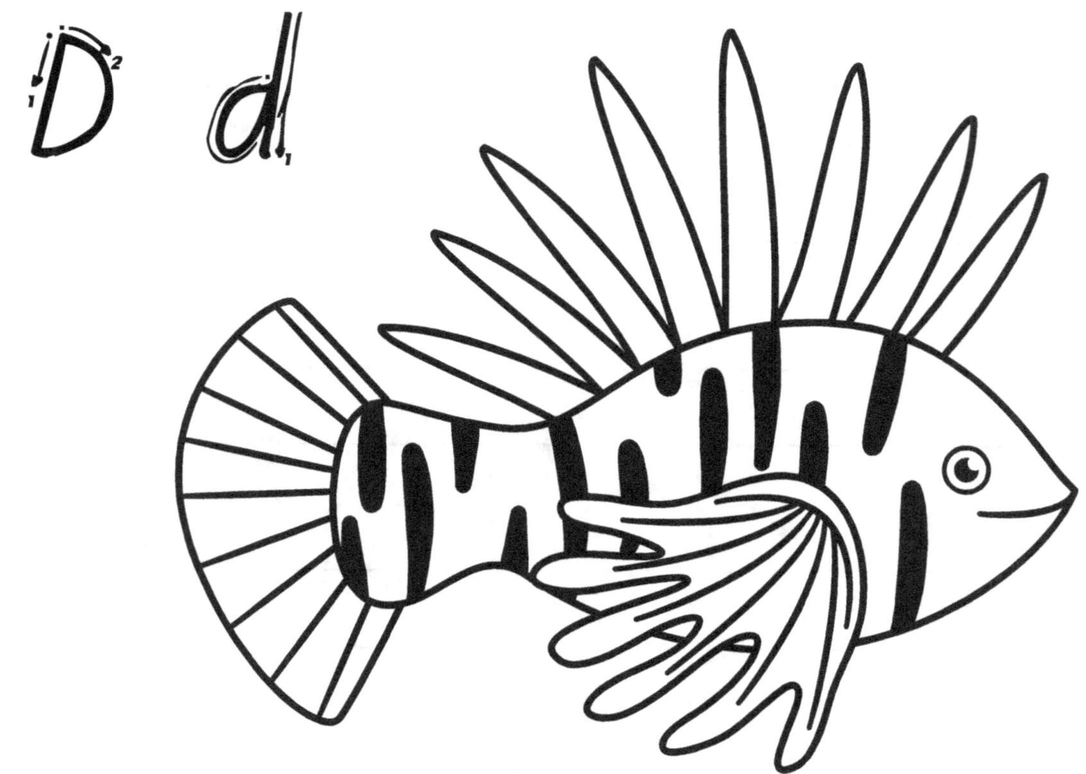

D - Drachenfisch

A B C D E F G H I J K L M N O P Q R S T U V W X Y Z

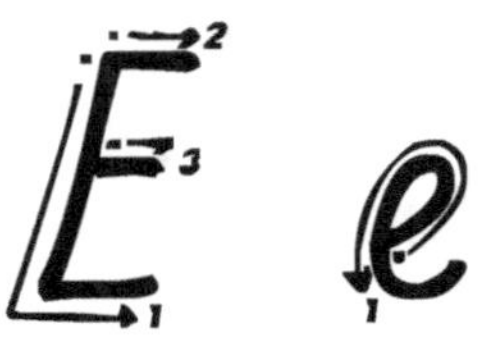

E - Ente

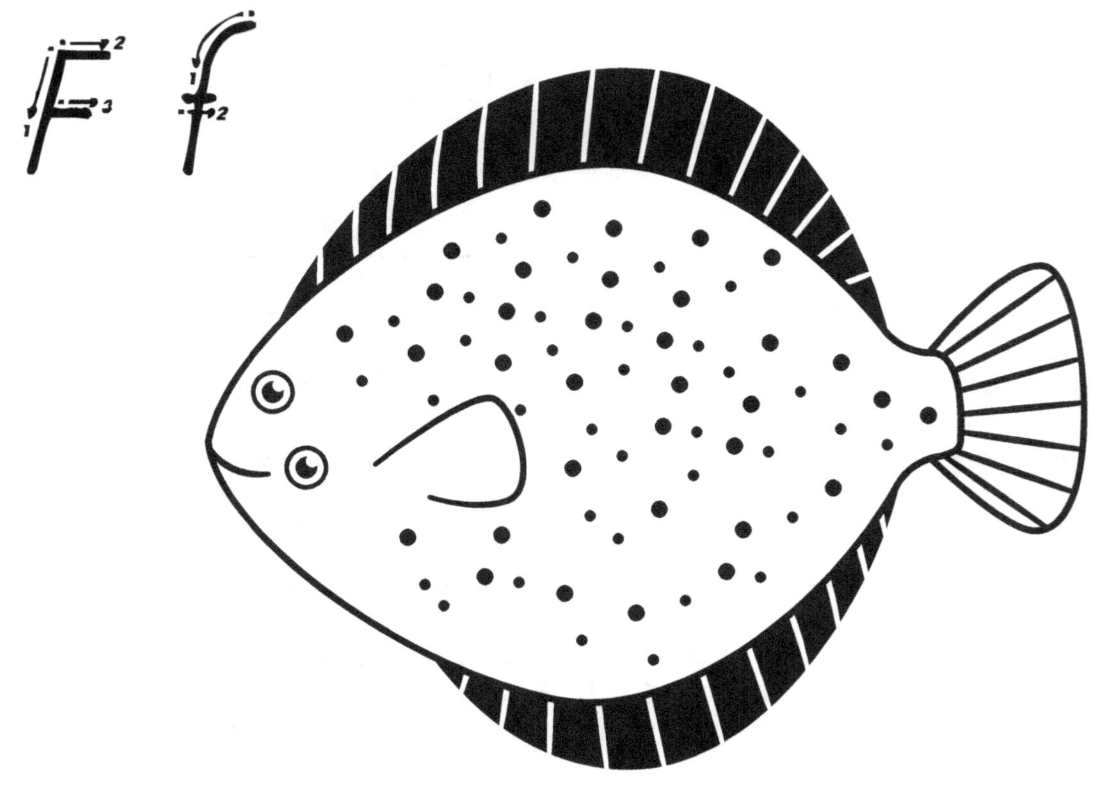

F - Flunder

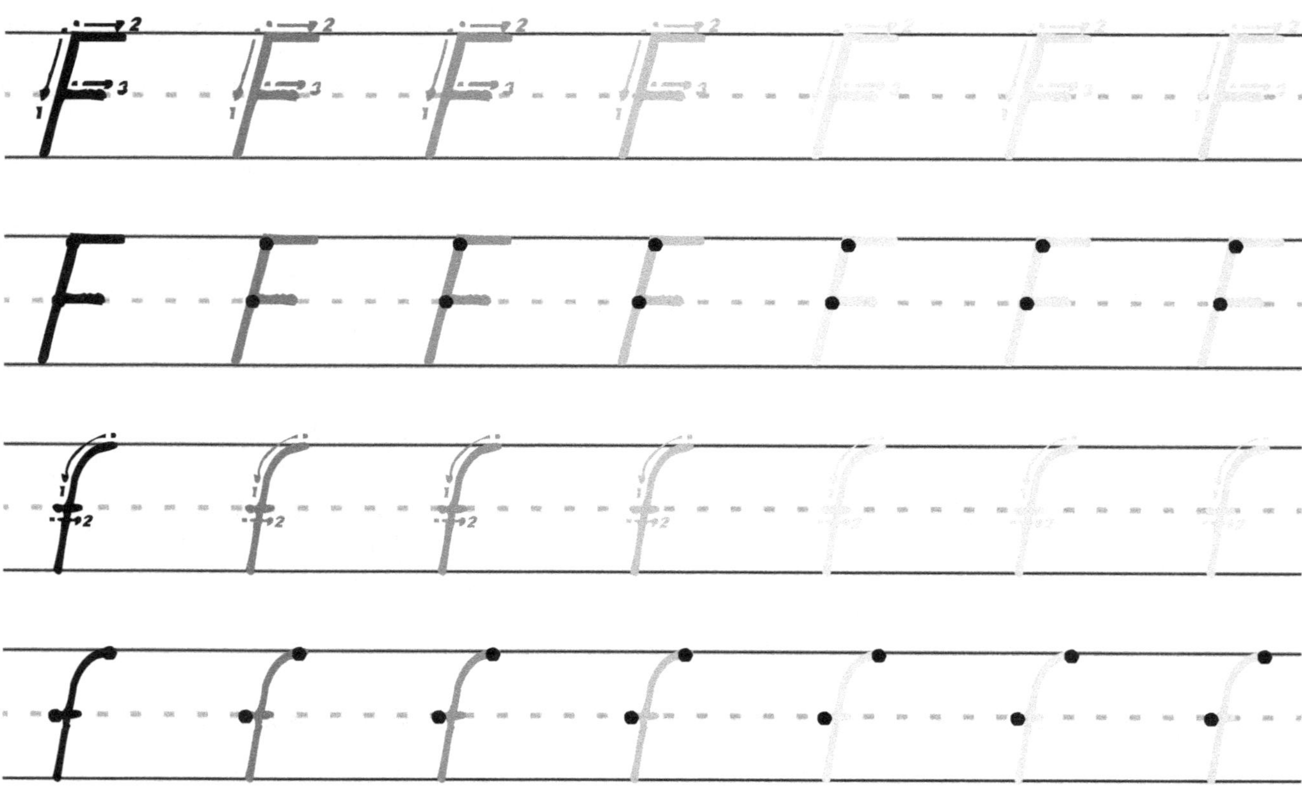

A B C D E F G H I J K L M N O P Q R S T U V W X Y Z

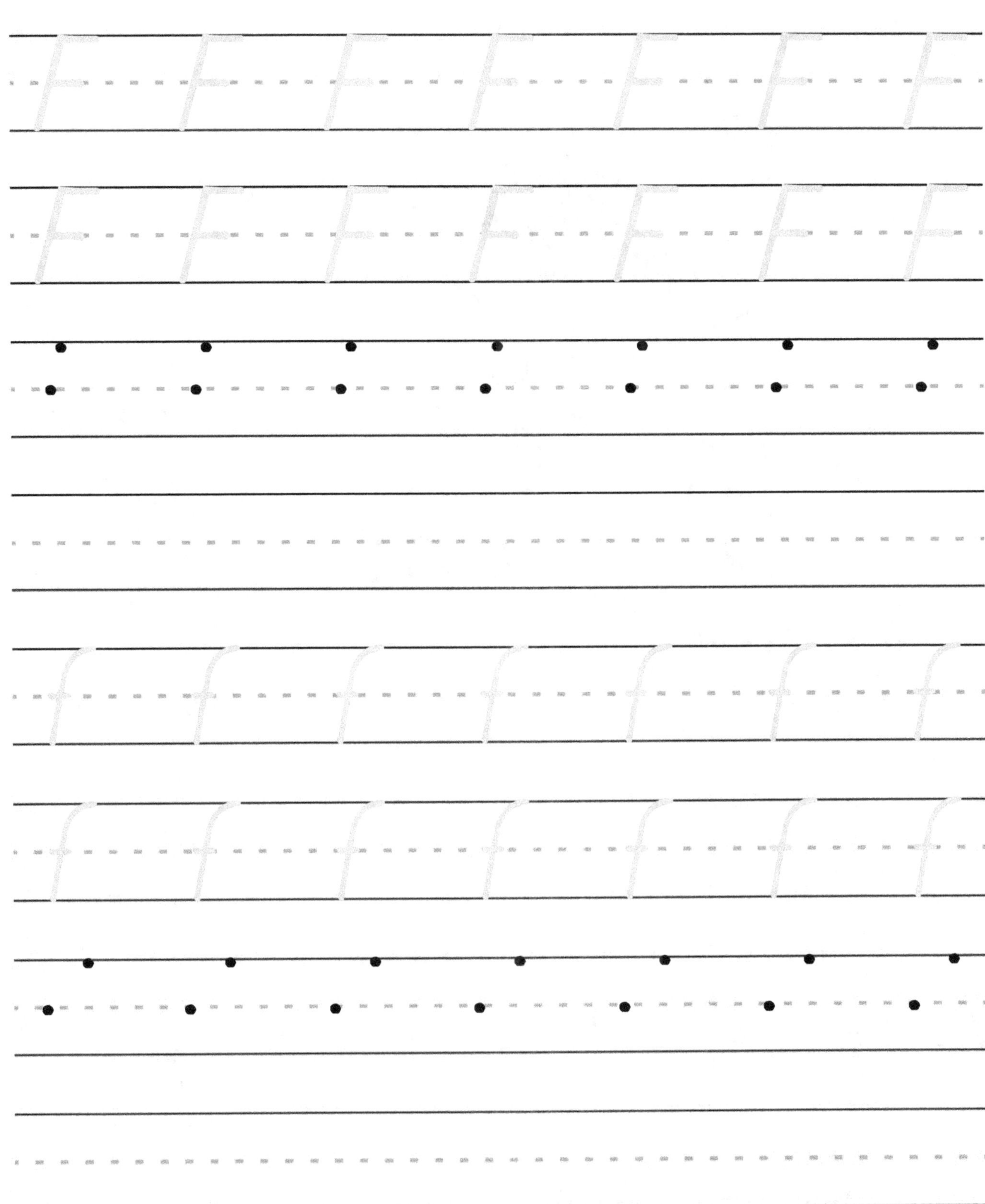

G g

G - Gans

ABCDEF**G**HIJKLMNOPQRSTUVWXYZ

H h

H - Hase

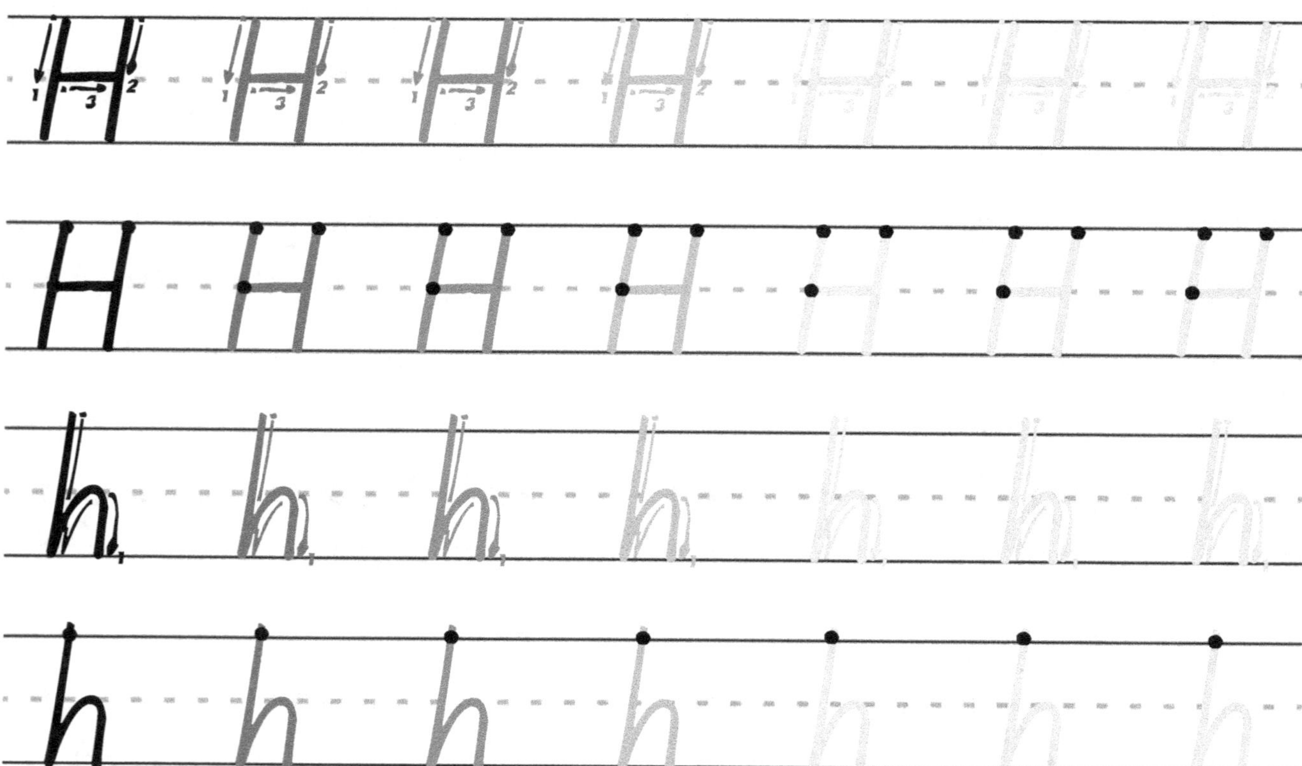

A B C D E F G H I J K L M N O P Q R S T U V W X Y Z

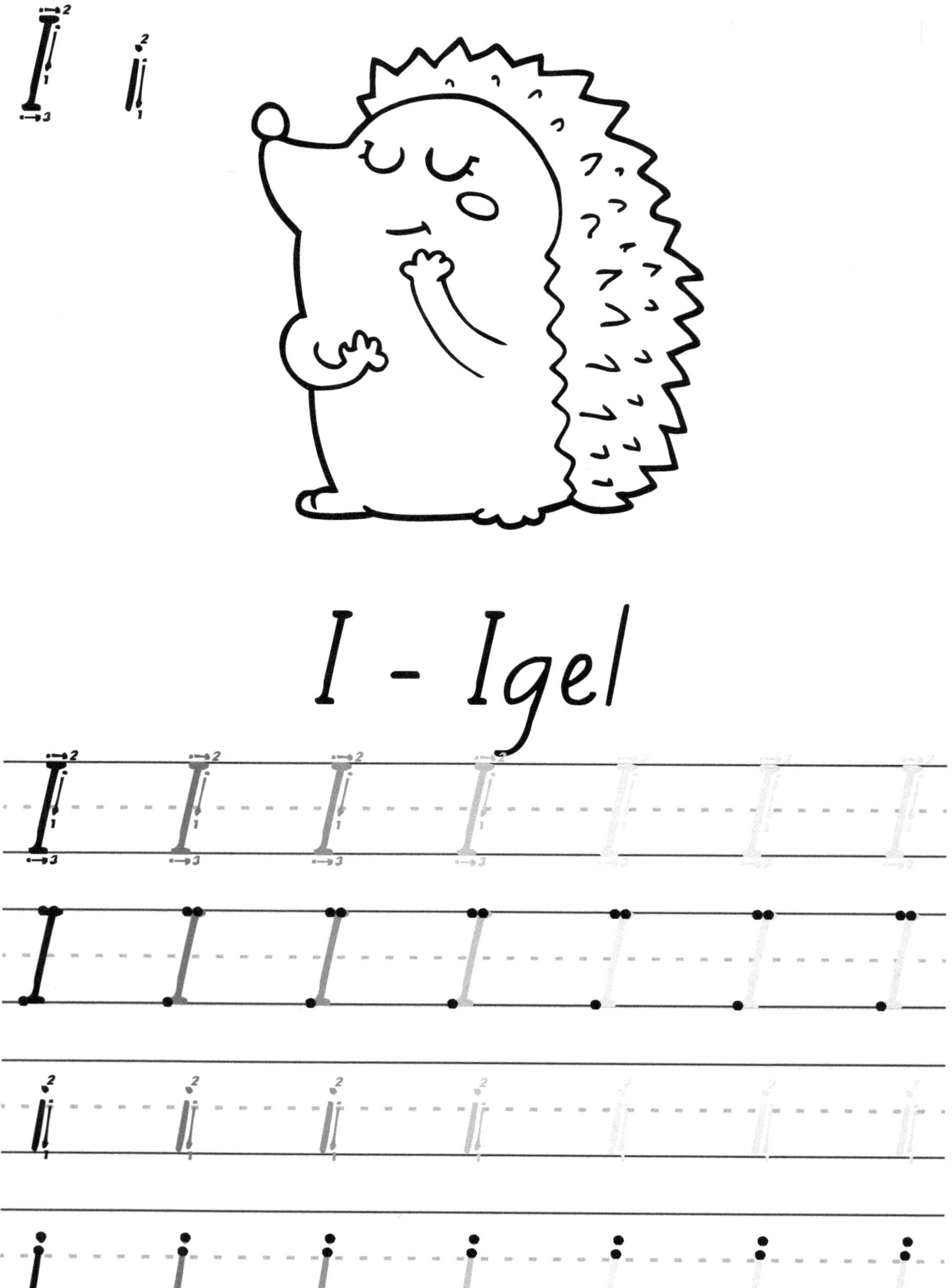

I - Igel

J – Jagdhund

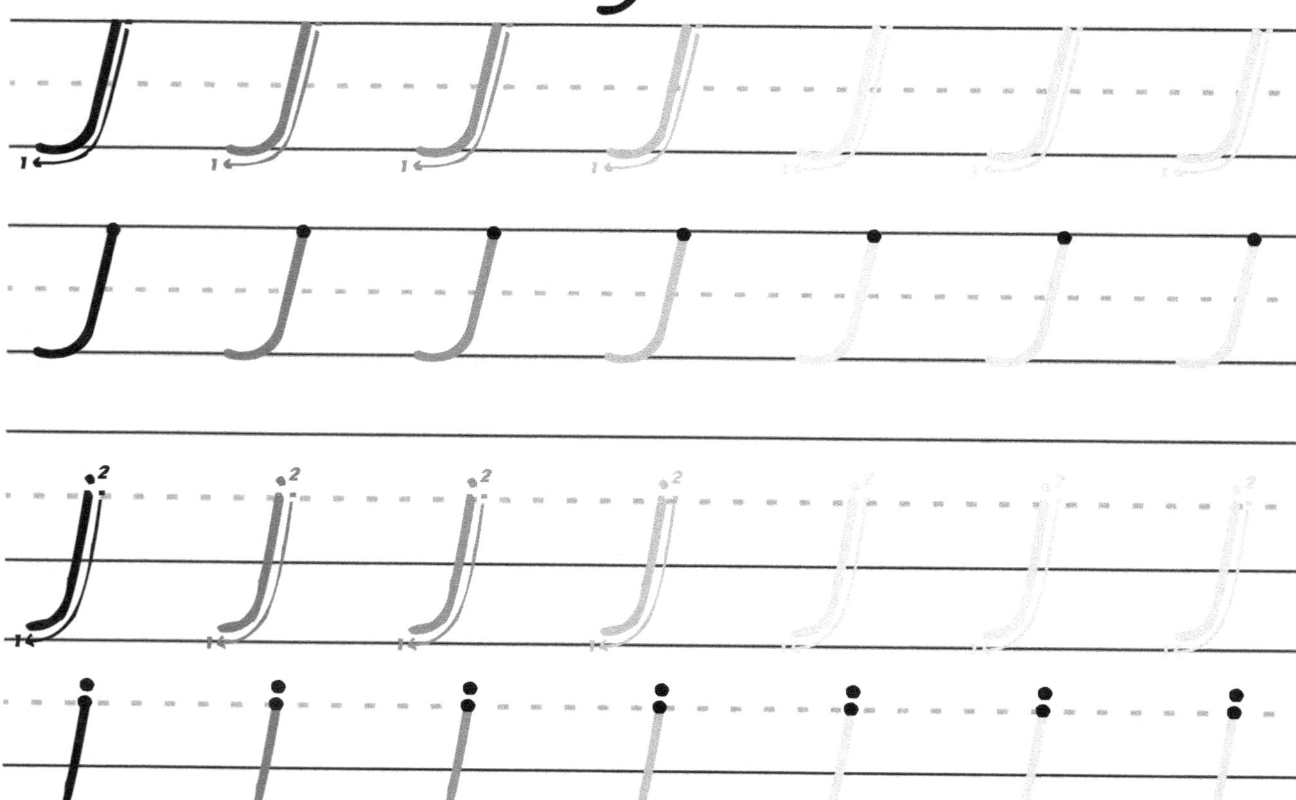

A B C D E F G H I J K L M N O P Q R S T U V W X Y Z

K k

K - Kuh

L - Lama

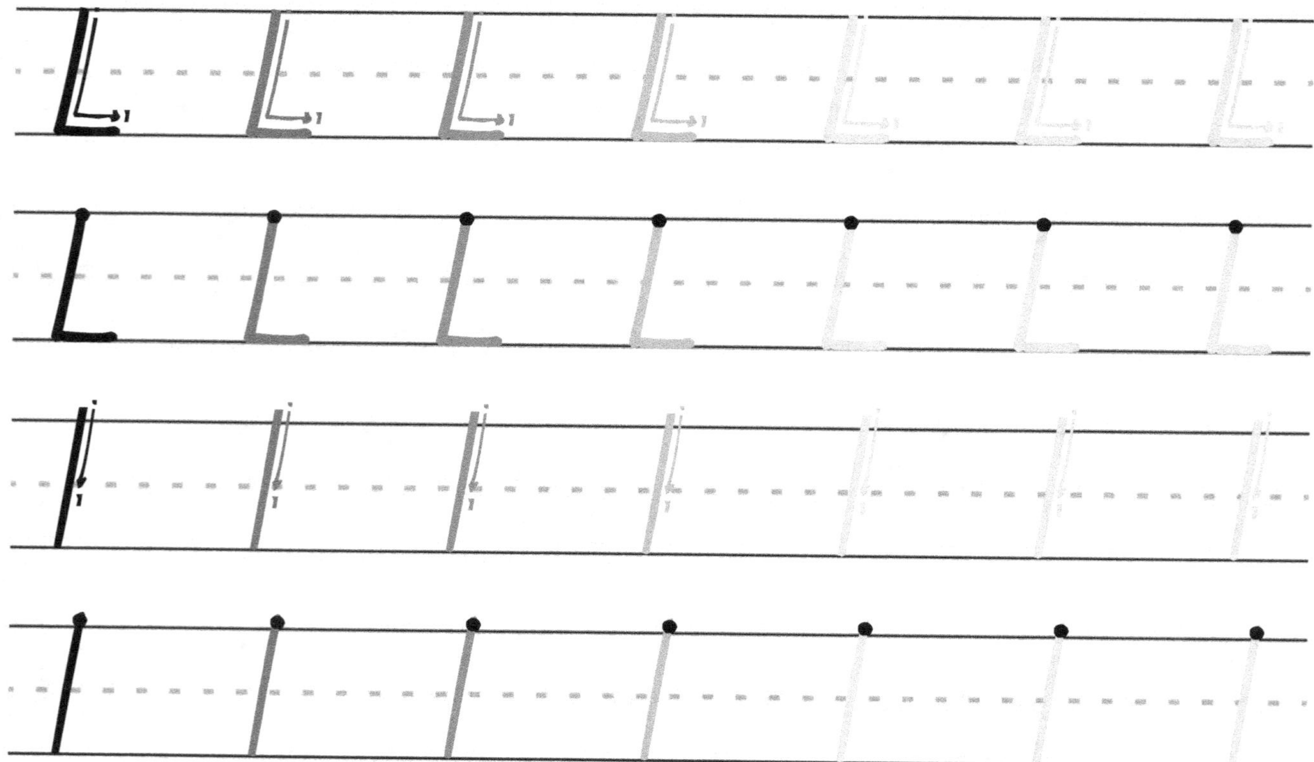

A B C D E F G H I J K L M N O P Q R S T U V W X Y Z

M-Meerschweinchen

A B C D E F G H I J K L M N O P Q R S T U V W X Y Z

N - Narwal

A B C D E F G H I J K L M N O P Q R S T U V W X Y Z

O - Ochse

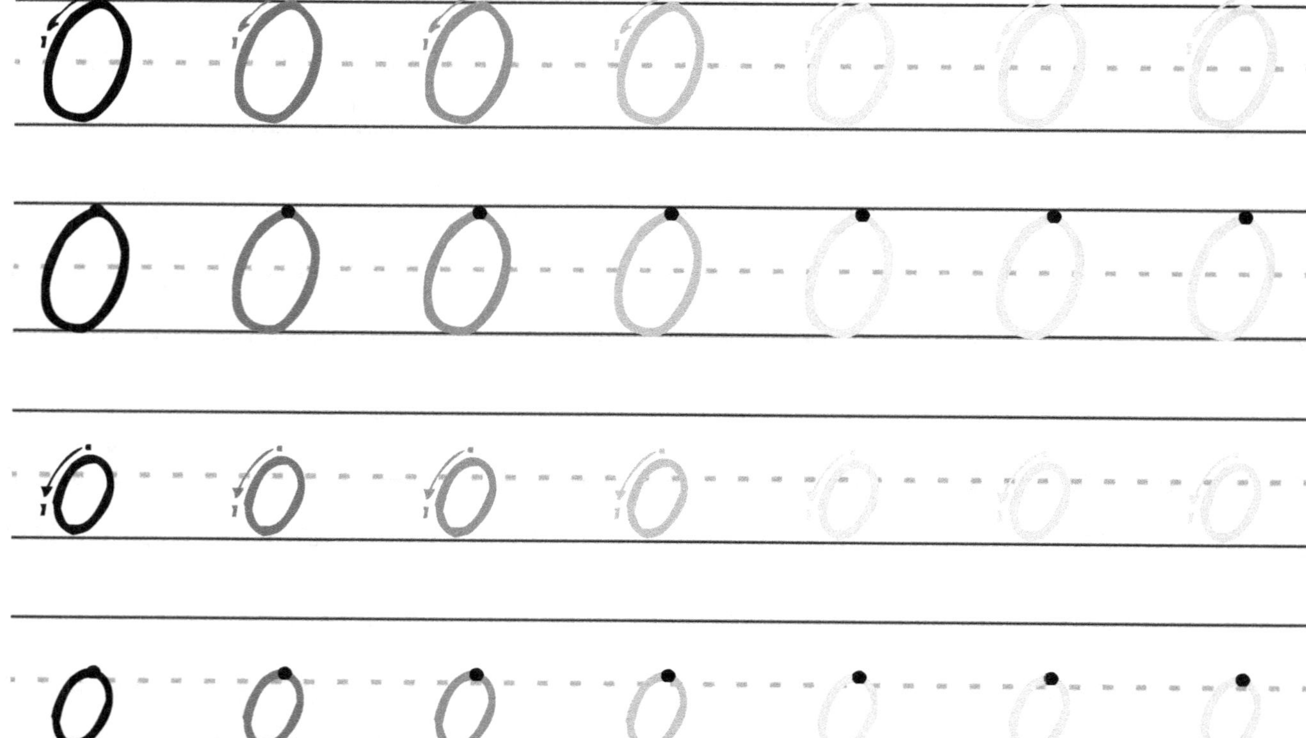

ABCDEFGHIJKLMN**O**PQRSTUVWXYZ

P p

P - Perlhuhn

Q - Qualle

A B C D E F G H I J K L M N O P Q R S T U V W X Y Z

R r

R - Rentier

A B C D E F G H I J K L M N O P Q R S T U V W X Y Z

S s

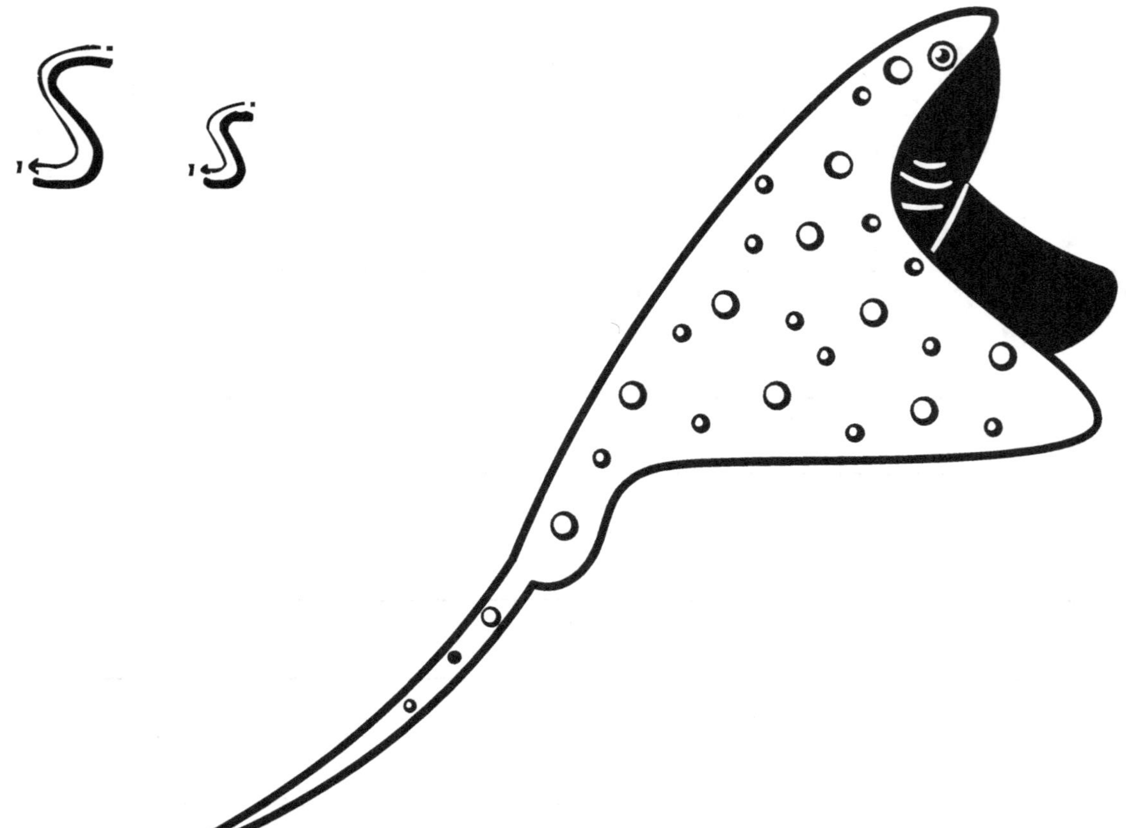

S - Stachelrochen

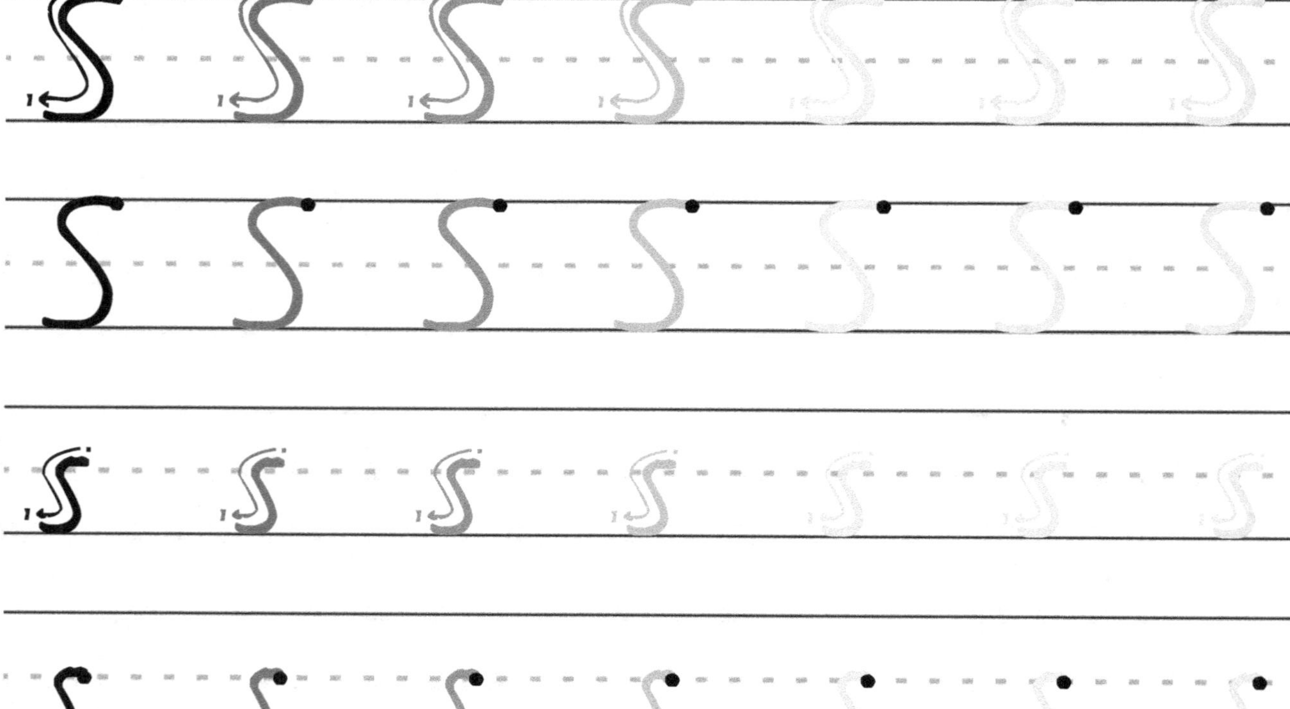

T - Truthahn

A B C D E F G H I J K L M N O P Q R S T U V W X Y Z

U u

U - Uferkrebs

U U U U U U U U U U

U U U U U U U U U U

U U U U U U U U U U

u u u u u u u u u u

A B C D E F G H I J K L M N O P Q R S T U V W X Y Z

V - Vogel

ABCDEFGHIJKLMNOPQRSTU V WXYZ

W - Walross

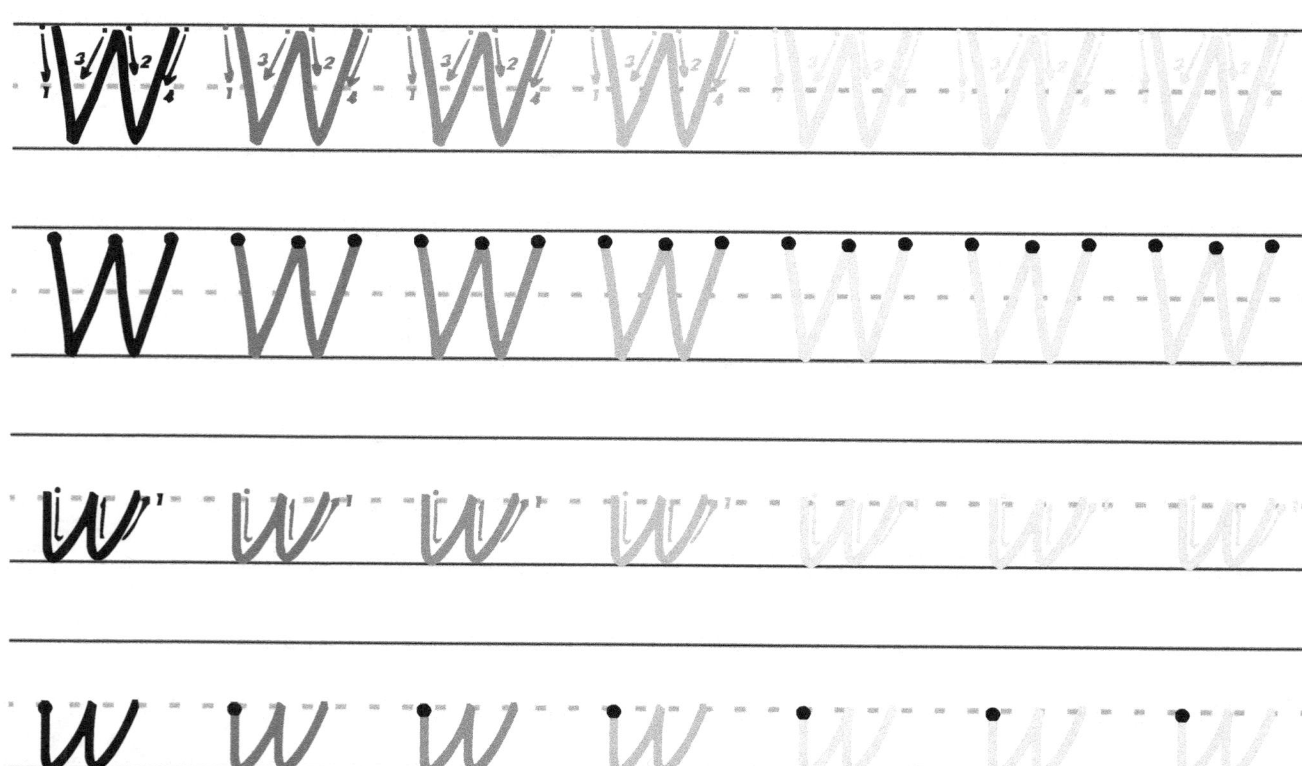

X - Xerus

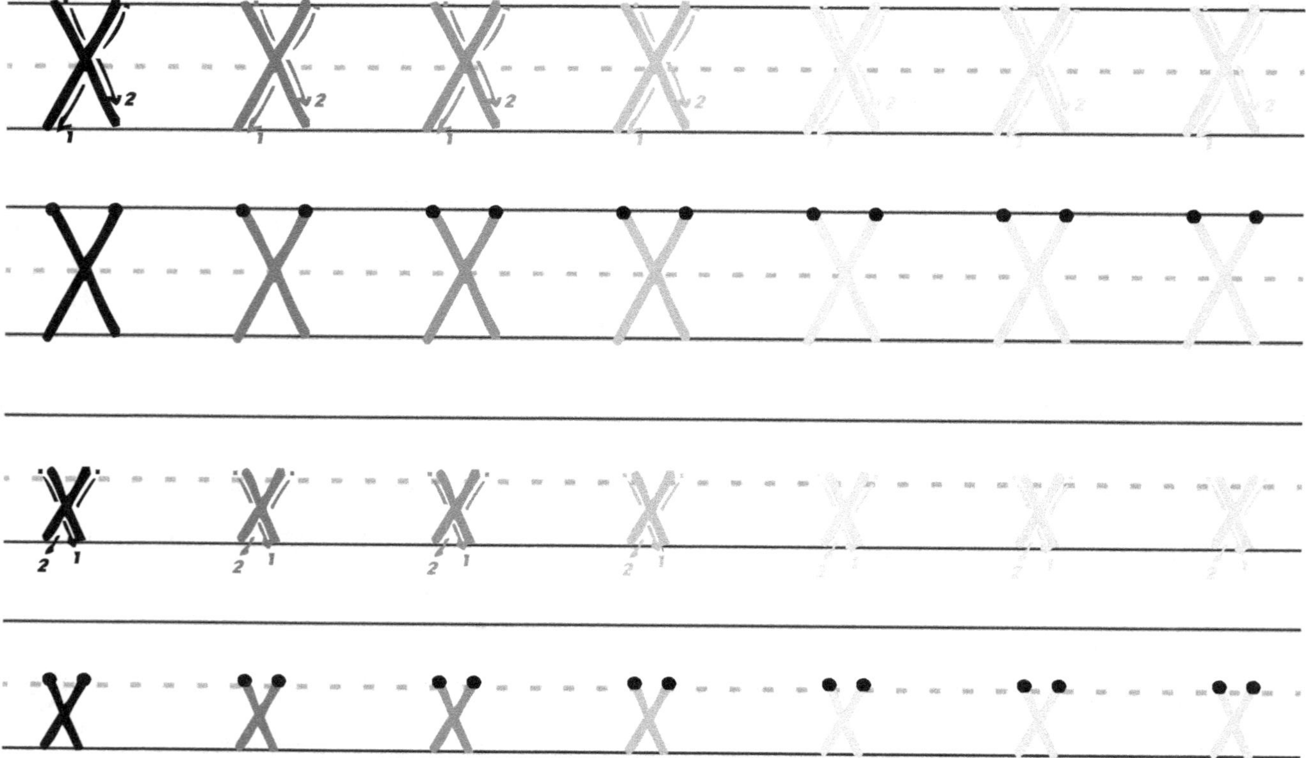

A B C D E F G H I J K L M N O P Q R S T U V W X Y Z

Y - Yak

A B C D E F G H I J K L M N O P Q R S T U V W X Y Z

Z - Ziege

ABCDEFGHIJKLMNOPQRSTUVWXY**Z**

Du hast es geschafft.
Jetzt kannst du das Schreiben
von WORTEN üben. Und...
ganz viel Malspass
steht an.

Kreise alle Tiere ein, die den Buchstaben "i" enthalten.

Tintenfisch

Schwertfisch

Rentier

Ziege

Ente

Schwein

Esel

Schildkröte

Kreise alle Tiere ein, die mit dem Buchstaben "s" beginnen.

Pferd

Schaf

Seepferdchen

Oktopus

Kuh

Seelöwe

Seestern

Lama

Kreise alle Tiere ein, die mit dem Buchstaben "e" enden.

Kreise alle Tiere ein, die den Buchstaben "n" enthalten.

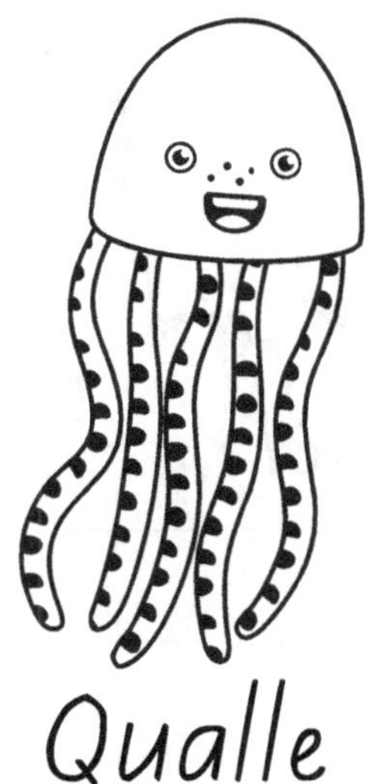

Qualle

Tintenfisch

Pinguin

Kugelfisch

Seidenraupe

Wasserbüffel

Hai

Maus

Kreise alle Tiere ein, die den Buchstaben "r" enthalten.

Otter

Ochse

Esel

Uferkrebs

Gans

Stachelrochen

Yak

Clownfisch

Kreise alle Tiere ein, die den Buchstaben
"d" enthalten.

Alpaka

Jagdhund

Lachs

Wal

Walross

Huhn

Makrele

Narwal

Kreise alle Tiere ein, die den Buchstaben "a" enthalten.

Goldfisch

Perlhuhn

Flunder

Meerschweinchen

Hirsch

Orca

Aal

Drachenfisch

Kreise alle Tiere ein, die den Buchstaben "t" enthalten.

Teufelsrochen

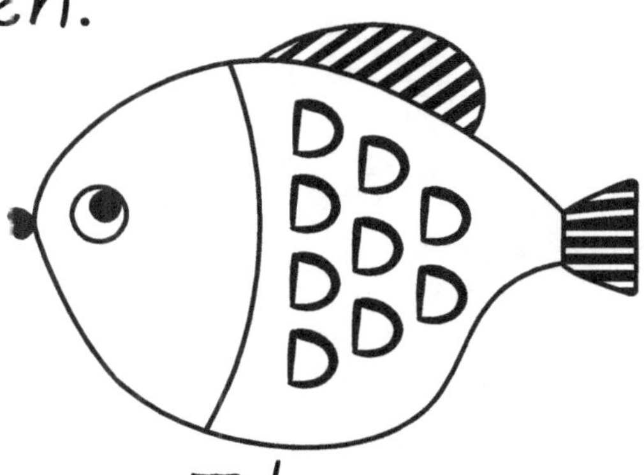

Tilapia

Seeigel

Blumenhorn

Truthahn

Hahn

Biene

Küken

Jetzt bist du ein Profi.
Es ist Zeit, Sätze zu
schreiben.

der Seestern hat Hunger

der Hase ist glücklich

das Seepferdchen sucht
die Krabbe

das Schaf ist müde

Pferde rennen schnell

Der Kugelfisch ist giftig 

Die Henne und der Hahn

sind beide Hühner

Wasserbüffel sind stark

Otter essen Seeigel

der Aal schwimmt gern

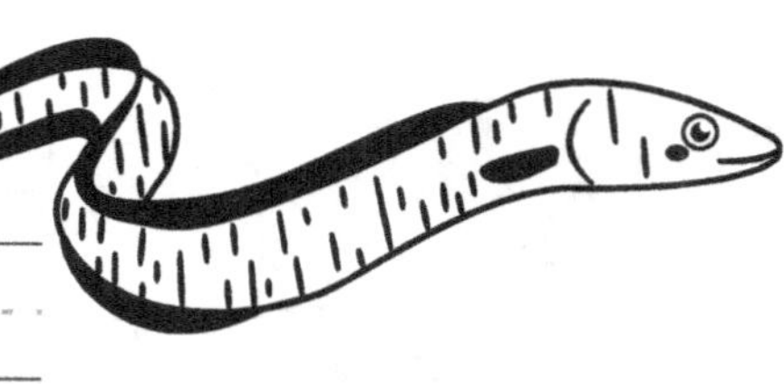

Flunder haben beide Augen
auf einer Seite ihres Kopfes

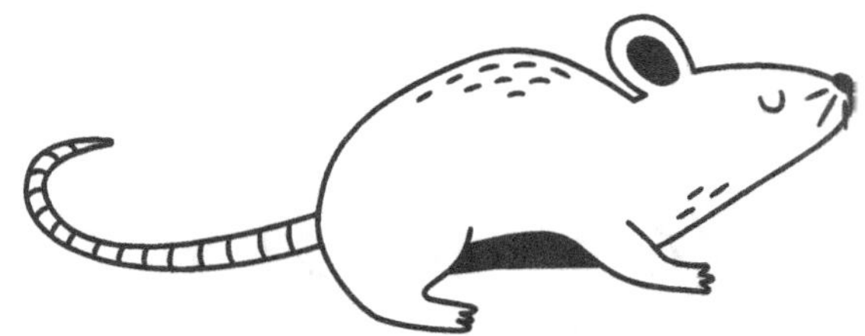

die Maus sieht das Schwein

Katzen und Hunde sind süss

Das Alpaka und das Lama sehen ähnlich aus

der Vogel singt

das Seepferdchen lacht

die Einsiedlerkrabbe winkt

der Uferkrebs bewegt
sich seitwärts

dieser Esel ist stur

Ziegen produzieren Milch

dieser Hummer ist lustig

dieses Walross schläft

gerne am Strand

GRATULATION
Du hast es geschafft.
Es ist Party Zeit.

Abschlusszertifikat

Hiermit wird bestätigt, dass

____

erfolgreich das Buch "Malen & Buchstaben schreiben lernen" an nachstehendem Datum vollendet hat.

____